Ik 4089.

DISCOURS

AU SUJET DE

L'EXPLOSION DU MAGASIN DE POUDRE,

PRONONCÉ

A LIMOUX, LE 14 MAI,

PAR

M. ROUGÉ, CHANOINE-HONORAIRE,

Aumônier du Pensionnat-Esparseil.

A LIMOUX

CHEZ J. BOUTE, IMPRIMEUR-LIBRAIRE.

1840.

AVANT-PROPOS.

※

Nous possédions à Limoux, depuis l'année 1778, un édifice bien digne d'attention comme ouvrage d'architecture ; bâti dans le genre des arcs-de-triomphe ; il semblait, malgré ses dimensions modestes, rappeler au voyageur le grandiose chef-d'œuvre que l'on voit à Paris, place du Carousel : c'était *la Porte de la Trinité* (1) dont

____

(1) *Porte de la Trinité*. M Duffous, inspecteur-général des travaux publics de la province, en avait dressé le plan et le devis. Elle coûta environ 35,000 livres tournois, en l'année 1778. Que valait-elle de nos jours ? Au moins 50,000 fr., vu l'augmentation du prix des matériaux et de la main-d'œuvre. Les consuls d'alors, savoir : MM. Ribes, Barthe-Delcasse, Vidal et Aussenac, avaient fait mettre sur le ceintre extérieur de l'édifice l'écusson de France, et sur le ceintre intérieur l'écusson de Limoux. L'un et l'autre de ces ornements, du travail le plus exquis, et qu'il fallait sauver de la destruction, ne fût-ce que comme objets d'art, disparurent, brisés sous le marteau de 93.

on avait cru devoir faire un magasin de poudre, et qui sauta, le 3 mars de la présente année 1810, en semant dans ses alentours les ruines et la mort.

Une pareille catastrophe ne peut qu'être comptée parmi les malheurs publics. Nos descendants en parleront comme nous parlons, nous, et de l'incendie de 1685, et de la peste de 1631, et de tant d'autres fléaux dont nos ancêtres furent les victimes. Voyez cette brèche immense, ces maisons écroulées, cette rue teinte de sang..... Ne dirait-on pas que la ville de Limoux vient, en quelque sorte, d'essuyer les horreurs d'un siége. Oh ! qu'une souscription, ouverte en faveur des orphelins et des personnes les plus nécessiteuses, serait ici, et chrétiennement méritoire et noblement civique !

On me dira qu'un Prince et un Ministre ont envoyé de l'*argent...* Mais cet argent suffira-t-il..... ? (1) Voilà ma thèse. Pensez-y, Mesdames ; pensez-y, Messieurs, et cela au plutôt, et cela dans le silence de l'égoïsme; *supposé qu'il se trouve des égoïstes parmi nous.* Écoutons la voix qui nous crie :

    « Pitié pour le vieillard dans sa misère affreuse!

    » Pitié pour l'orpheline, et chaste et malheureuse,

    » Qu'une obole de pain préservera de mal ;

    » Ils sont là : leur douleur essaie une prière.

    » Dites, resterez-vous froids comme *cette bière.....*

      » Qui s'avançait vers l'hôpital. (2)

---

(1) Le total des dommages, en y comprenant la destruction de la plus belle de nos Portes, s'élève au moins à 80,000 fr.

(2) Pour épargner aux orphelins et aux veuves un spectacle de désolation, on mit dans une bière les cadavres du 3 mars, tous horriblement mutilés, et on les transporta à l'hospice.

» Donnez, et quand viendra *cette heure* où la pensée,

» Sous le bras de la mort, s'épouvante oppressée,

» Votre dernier soupir s'envolera joyeux.

» Donnez, et le Dieu grand brisera son tonnerre;

» Car l'homme qui connut la pitié sur la terre

  » Ne peut que la trouver aux Cieux. »

Les habitants du quartier de la Trinité, ayant à leur tête les personnes dont les maisons souffrirent le plus de la catastrophe, ont, aujourd'hui 11 mai 1810, été en pélerinage à *Notre-Dame-du-Rosaire*. On voyait parmi eux leurs parents ainsi que leurs amis, et jamais larmes plus sincères, plus copieuses; larmes de joie et en même temps de douleur; car, enfin, si un tel est sorti vivant du milieu des ruines, tel autre y est mort. Le pensionnat de Mesdames les Religieuses de St.-Joseph, celui des Demoiselles David et le Pensionnat-Esparseil, qui, tous trois, savent témoigner de leurs sympathies pour les habitants de Limoux, assistaient à cette pieuse réunion.

Qu'on se figure une église immense remplie de monde, un clergé assez nombreux, une profonde dévotion, un autel paré et illuminé d'une manière splendide; qu'on se figure l'Auguste Sacrifice de la Messe offert dans toute la pompe d'un chant suave, et dans toute la solennité des encensements; voilà, je me plais à le dire, ce que chacun de nous a pu voir. Les élèves du Pensionnat-Esparseil ont exécuté des symphonies appropriées à la circonstance. Leur Aumônier, qui célébrait la Sainte Messe, est monté en chaire, après l'Évangile, et a prononcé, d'une voix émue, le discours suivant.

DISCOURS

AU SUJET DE

L'EXPLOSION DU MAGASIN DE POUDRE,

PRONONCÉ

Dans l'Église de Notre-Dame-du-Rosaire,

A LIMOUX,

Par M. l'abbé Rougé,

Chanoine - honoraire et Aumônier du Pensionnat - Esparseil.

————————

Benedicam Dominum in omni tempore.
Je glorifierai le Seigneur, dans tous les temps.
PSAUME 33.^e

Un cœur embrasé d'amour trouve ses délices à publier les louanges de l'objet aimé. C'est ainsi que, dans les paroles de mon texte, le plus illustre des Rois d'Israël annonce, à toute la Judée, qu'il célébrera les perfections du Très-haut, et que ce saint exercice va devenir, à jamais, son occupation journalière. Il ne dit pas, en effet, qu'il bénira le Seigneur seulement dans la bonne fortune, mais dans tous les temps. *In omni tempore* : Dans les revers les plus inattendus, comme au sein de la victoire; outragé par son peuple, comme durant le cours d'un règne calme et glorieux : dans des états si divers, son âme, supérieure aux accidents de la vie, exaltera, glorifiera l'Arbitre-Souverain de toutes choses. *Benedicam Dominum in omni tempore.*

Tels, en ce jour, devons-nous être; car tel est le véritable chrétien. Supposons-le dans les plus rudes épreuves : à l'exemple de David, il adore le Dieu du Ciel, qui, maître des événements, fait succéder, quand il veut et comme il veut, la consolation à la tristesse, la joie aux soupirs, les transports les plus doux aux déchirements et à l'angoisse.

Ici, mes Frères, chacun de vous se représente, sans doute, la terrible catastrophe qui, naguère, jeta le deuil dans nos murs. Recueillons nos souvenirs douloureux, et qu'ils tournent au salut de notre âme, malgré leur amertume.

L'airain sacré, cette cloche de la Paroisse qui nous avertit de la fuite des heures, venait de retentir annonçant la SIXIÈME HEURE du soir. Heure d'agonie, glas prophétique, glas anticipé pour quelques-uns de nos concitoyens....... Il était nuit : un ciel d'azur parsemé d'étoiles étincelait dans les ténèbres, et, chose étrange, inespérée, providentielle! (1) presque tout le monde, rassemblé autour du foyer domestique, laissait au dehors régner un vaste silence.

Soudain, une rougeâtre splendeur, un affreux incendie, une espèce de volcan enflamme l'horizon. Un bruit sinistre, pareil à la détonation de la foudre, un bruit grossi par de nombreux échos, une secousse épouvantable, ont glacé tous les cœurs. O Limoux, patrie si chère, serais - tu placé sur un nouveau Vésuve. ....? aurais-tu le sort de Lisbonne (2) et de Pompeïa......? (3)

---

(1) Il passe tout le long du jour, et assez avant dans la nuit, une infinité de monde dans la rue de la Trinité, l'une des plus belles de notre Ville. Comment arriva-t-il que le 3 mars, jour du *mardi gras* de la présente année 1840, et par un temps superbe, l'affluence eût discontinué vers les six heures et demie du soir? On ne peut qu'admirer, en ceci, quelque chose d'étrange, d'inespéré, de *surnaturel*. Il y a évidemment quelqu'un (et ce n'est ni vous ni moi), qui écarta les flots de peuple, au moment où la rue allait devenir meurtrière. Quelqu'un qui entraîna, comme par la main, les habitants du quartier pour les soustraire au péril. Ils auraient trouvé la mort à deux pas de chez eux ; ils trouvèrent leur salut autour du foyer domestique. Des cadavres furent ramassés hors des maisons; les maisons en s'écroulant ne firent de mal à personne.

(2) Lisbonne, en Portugal dont elle est la capitale, fut engloutie par un tremblement de terre, au mois de novembre 1755.

(3) Pompeïa, ville près de Naples, avait disparu, en même

La Poudrière (1) vient de sauter ! s'écrie une voix émue; et ces paroles, en un instant, volent de bouche en bouche, de maison en maison, et chacun compte sa famille, veut la voir de ses yeux, la toucher de ses mains : où est ma mère....? où est ma sœur....? ou est mon époux.... ? On s'inquiète, on s'alarme, on se désole, s'il manque le moindre enfant sous le toit paternel.

Cependant, un peuple immense accourt, se précipite vers le lieu de tristesse. Elle était là cette *Porte de la Trinité*, chef-d'œuvre d'architecture, hélas ! elle était là....... Et tandis que la foule, sur ce théâtre de destruction, erre silencieuse; tandis que l'on est assiégé de lugubres pressentiments, une voix sort des ruines : voix mourante, voix d'éternel adieu, voix comme de l'autre monde; la voix d'un infortuné (2) dont l'état déplorable ne laisse aucun espoir

temps qu'Herculanum, dès l'année 79, il y aura bientôt dix-huit siècles. C'est le Vésuve, avec sa lave brûlante et ses ébranlements désastreux, qui la détruisit. Découverte et déblayée en 1760, on retira de ses ruines bien des objets précieux. On fait, de nos jours, des fouilles à Herculanum.

(1) Le mot *poudrière* signifie proprement *fabrique de poudre à canon*; il est donc pris, ici, dans une acception qui n'est pas juste. Mais, à l'époque fatale du 3 mars, tant de personnes l'employèrent, que j'ai cru devoir l'employer. Une fois n'est pas coutume.

(2) Le sieur Melliés (Guillaume), marchand de bois.

de guérison, et qui ne doit survivre que deux jours à ses blessures.

N'attendez pas, je vous prie, qu'après vous avoir presque nommé cette victime qui s'éteint, je promène vos regards sur les autres dont le cœur ne palpite plus. Vous n'auriez pas assez de larmes; et, d'ailleurs, pourriez-vous les reconnaître ces victimes, à leur visage sanglant, à leurs membres en lambeaux...... Ici, est un jardinier; (1) là, un artisan; (2) plus loin, cette vierge (3) si jeune, si douce, si pieuse, tendre fleur moissonnée à son aurore, convive d'hier au banquet de la vie. Que la terre leur soit légère.

Prions pour eux.

Et vous, dont les demeures ont le plus souffert de la commotion; vous, qui n'échappâtes au trépas que par une espèce de prodige, élevez votre esprit à la hauteur des enseignements divins, aux sublimes et consolantes idées que l'Évangile nous donne du Père céleste. Nous avons entendu certaines gens attribuer l'explosion du magasin de poudre aux effets du

---

(1) Le sieur Estampe-Délorier (Barthélemi), jardinier.

(2) Le sieur Grillot (François), charron.

(3) Mlle. Revel-Nave (Marguerite). Elle se préparait à la première communion.

hasard...... Le hasard ! mais saurait-on me le définir ? Qu'est-ce que le hasard ? et comment se représenter un principe imaginaire qui, n'étant rien en soi, ni substance, ni qualité, n'a rien évidemment de ce qui peut constituer une cause ?

Quoi ! mes Frères, ce serait le hasard qui, renversant vos maisons, (1) aurait épargné tant de personnes de tout âge...... ! Rappelez dans votre mémoire ces énormes blocs de pierre qui enfonçaient les toitures, les planchers, les voûtes, et qui, pourtant, semblaient appréhender de répandre le sang humain. Vous souvient-il de cette veuve (2) ensevelie dans les décombres, menacée de toutes les horreurs de la mort, et qu'un bras courageux arracha des profondes ruines ? C'est une mère qui avait sa fille à ses côtés ; une mère, par conséquent, qui crut mourir deux fois, et qui peut encore embrasser sa fille vivante. Le hasard ! mais, à le bien prendre, le hasard c'est une

---

(1) Nous avons compté quarante-trois maisons, plus ou moins endommagées, et six maisons ou rendues inhabitables, ou détruites de fond en comble.

(2) Dans cette période, il s'agit de Madame Salvat et de sa Demoiselle. Elles n'eurent, je l'avoue, d'autre mal que la peur : mais quelle peur ! quelles angoisses ! Elles furent l'une et l'autre enterrées toutes vives, et il fallut, pendant une demi-heure, les disputer aux débris d'une maison.

opinion irréligieuse, tout un système d'incrédulité qui détrône le Roi des rois, l'Auteur de la nature.

Que des hommes aveugles, orgueilleux, corrompus, n'admettent dans les événements que le concours de ce hasard impie, rien de plus simple ; mais le véritable philosophe y verra toujours un main intelligente, il y verra l'action plus ou moins sensible d'une éternelle et suprême volonté. Le chrétien éclairé va plus loin : sous les auspices de la foi, il entre dans les profondeurs de la Providence ; il découvre une justice qui menace et punit, une bonté qui invite et pardonne, une sagesse qui dispose tout, dans nos intérêts et avec mesure, nous châtiant ici-bas, pour nous épargner, nous couronner dans l'éternité.

Dieu d'Israël, s'écriait saint Augustin, dans le monde vous semez la souffrance, afin que nos désirs s'élèvent vers les cieux, comme un agréable encens. Vous entrez en courroux, mais c'est le courroux d'un père. Un père doit s'irriter contre son fils qui foule aux pieds ses ordres ; il le reprend, il le fait trembler, il le frappe même ; car la tribulation n'agite le vase que pour en faire sortir l'iniquité, et le présenter vide aux effusions de la grâce.

Sur ce principe, Chrétiens mes Frères, que faut-il conclure et du danger que Limoux a couru, (1) et

___

(1) *Danger que Limoux a couru.* On dit qu'il y avait un cer-

des pertes qu'il a subies? Pas autre chose, sinon que c'est là le châtiment de nos fautes antérieures. Or, ce châtiment l'avons-nous reçu en esprit de mortification, et même de reconnaissance.....?

Oui, de reconnaissance, je ne rétracte pas le mot. Vous avez beaucoup souffert, j'en conviens; mais vous vivez encore. Vos demeures, battues en brèche, sont tombées comme un éclair sur vous, sur vos enfants; mais, les uns et les autres, ne pouviez-vous pas être écrasés sous leurs débris? Ah! si nous n'avons à mouiller de nos pleurs que quatre tombeaux, c'est parce que Marie, l'Ange tutélaire de notre Cité, MARIE-DU-ROSAIRE nous a couverts de ses ailes radieuses.

O MARIE, Vierge toute pure, l'espoir, la ressource des affligés, permettez donc que, du sein de nos douleurs, montent à la fois vers vous et une prière pour nos morts, et un cantique pour notre déli-

---

tain nombre de barils de poudre dans le magasin; mais, par un bonheur dont il faut remercier la Providence, ils ne s'embrasèrent qu'en deux fois. J'entendis, en effet, et d'autres personnes entendirent deux détonations assez distinctes. S'ils eussent ces barils pris feu simultanément, les ravages seraient bien plus multipliés. Que seraient-ils donc ces ravages, si la nouvelle provision de poudre, qui nous arrivait de Carcassonne, se fût trouvée dans le magasin..... !!! C'est bien alors que nos maisons nous écrasaient tous, et que la Ville devenait un tombeau immense.

vrance. La ville de Limoux vous fut solennellement consacrée par nos ayeux. Jetez, sans cesse, de tendres regards sur leurs descendants qui vous implorent; protégez-nous; sanctifiez nos œuvres ici-bas, afin que dans le Ciel, Dieu couronne vos propres dons, en couronnant nos mérites. Ainsi-soit-il.

9 7 8 2 0 1 3 6 1 4 3 4 4